우리 교실에 벼가 자라요

교과 연계 과정

과학
· 4학년 1학기　(3)식물의 한살이
· 5학년 1학기　(3)식물의 구조와 기능

사회
· 3학년 1학기　(1)고장의 모습
　　　　　　　(3)고장의 생활과 변화
· 4학년 1학기　(1)우리 지역의 자연환경과 생활 모습

글 박희란

좋은 채소를 맛있고 올바르게 먹는 방법을 소개하고 연구하는 채소 소믈리에입니다. 네이버 블로그 〈바키의 베란다 채소밭〉을 운영하며 많은 사람들에게 베란다에서 채소를 가꾼 경험과 비법을 알리고 있지요. 지은 책으로는 『우리 집 베란다에 방울토마토가 자라요』『베란다 채소밭』『그녀의 아지트 베란다』가 있습니다.

블로그 ▶ 바키의 베란다 채소밭 http://blog.naver.com/vakivaki

그림 윤강미

미술대학에서 회화를 전공하고 다수의 개인전을 통해 화가로 활발히 활동하던 중 그림책의 매력에 푹 빠지게 되어 그림책 공부를 했습니다. 직접 쓰고 그린 그림책으로 세상과 소통하고, 아이들에게 감동을 주려고 노력하고 있습니다. 『우리 교실에 벼가 자라요』는 작가의 첫 번째 그림책입니다.

디자인 | 박앤컴퍼니　bncom4@gmail.com　02.337.3375

우리 교실에 벼가 자라요

박희란 글 | 윤강미 그림

살림어린이

저자의 말

어린 시절을 떠올려 보면 머릿속에 가장 선명하게 떠오르는 풍경이 있어요. 바로 논이랍니다. 온 마을 사람들이 함께했던 모내기, 개구쟁이 남자 아이들의 표적이 되곤 했던 개구리, 가을의 황금 들판에서 고추잠자리 잡느라 신이 났던 동네 아이들까지 모두 생생합니다.

늦가을 추수가 끝나고 텅 빈 논은 그야말로 자연이 선물한 동네 꼬마들의 놀이터였어요. 저도 친구들과 함께 지칠 때까지 논에서 놀다가 해가 져서야 집으로 돌아가곤 했지요. 논은 저에게 신 나는 놀이터였고, 사계절의 변화를 느끼게 해 주는 생태 공원이었어요.

그리고 또 한 가지, 매일 논에서 일을 하셨던 부모님이 떠오릅니다. 태풍이라도 부는 날에는 부모님은 그 비바람을 모두 맞으시며 논을 지키셨어요. 그렇게 키운 벼를 추수해서 햅쌀로 자식들에게 따뜻한 밥을 지어 주셨어요.

어른이 되고 엄마가 되어서 생각해 보니 사계절 벼가 자라는 모습을 보며, 농사의 소중함을 느끼며 자란 것이 제겐 큰 축복이었습니다. 그래서 생각했지요. 내 아이에게도 쌀이 얼마나 소중한지 논이 얼마나 경이로운 곳인지 어떻게 경험하게 해 줄 수 있을까?

그렇게 시작한 베란다 벼농사는 풍년까지는 아니어도 소소한 수확을 이뤄 낼 수 있었어요. 사실 겨우 한 그릇의 밥을 지을 정도였지요. 하지만 아이는 엄마와 함께 벼를 키우며 많은 것을 느꼈을 거예요. 자기가 무심코 남긴 밥 한 숟가락 분량의 쌀이 얼마나 많은 노력과 정성으로 일궈 낸 결과물인지도 느꼈겠지요?

이 책에서는 학교를 무대로 벼를 키우는 특별한 이야기가 펼쳐집니다. 아이들이 직접 농사를 짓는 경험은 교과서로는 배울 수 없는 생생한 감동과 즐거움입니다. 특히 도시의 아이들에게는 자연과 친구가 되는 귀한 경험이 될 거예요. 도심에서 자연을 벗 한다는 것은 시골의 자연 안에서 사는 일보다 훨씬 더 큰 감동을 주는 것 같아요. 부족하기 때문에 더욱 풍요로울 수 있는 것 같습니다.

이제 우리 교실에 그리고 우리 집 베란다에 벼를 심어 볼까요? 햇살과 바람이 선사하는 자연의 마법을 경험해 보세요!

2012년의 새 봄, 저자 박희란

도연이와 반 친구들은 농업박물관으로 현장 학습을 갔어요.
선사시대부터 지금까지 어떻게 농사를 지어 왔는지
한눈에 볼 수 있었지요. 처음 보는 농기구도 많았어요.
지금은 콤바인, 경운기 같은 기계로 편리하게 농사를 짓지만
예전에는 호미, 낫, 써레, 지게 같은 기구들을 사용해서 모든 일을
사람의 힘으로 했대요. 친구들은 낯선 농기구 구경에 흠뻑 빠졌어요.
하지만 도연이는 전시장 한가운데 우뚝 서 있는 못난이 허수아비를
흉내 내는 게 훨씬 재미있었어요.

다음 날, 선생님은 볍씨를 한가득 갖고 오셨어요.
"자, 오늘부터 너희들은 꼬마 농부란다. 직접 볍씨를 심어서 벼농사를 지을 거야."
아이들 중에는 농기구는 물론이고 볍씨도 어제 처음으로 박물관에서 본 친구들도 있었지요. 그런데 농부라고요?
"선생님, 우린 논이 없는데 어디에 볍씨를 심어요?"
반장이 물었어요. 선생님은 미소를 지으며 대답했지요.
"다 방법이 있지! 우선 우유 상자를 깨끗하게 씻어 올까?"

"얇은 천을 우유 상자 속에 깔고, 그 위에 볍씨를 올려놓으렴.
이제부터 이 상자는 볍씨가 자랄 방이란다.
이 안에서 볍씨가 눈을 뜨고 싹을 틔울 거야."
도연이는 볍씨가 엄마 배 속의 아기 같았어요.
볍씨 방은 교실에서 가장 햇빛이 따뜻하고,
바람이 잘 통하는 창가에 두었어요.
과연 누구의 볍씨가 가장 부지런할까요?
"내 볍씨에서 제일 먼저 싹이 날 거야!"
"아니야, 내 볍씨가 일등일 거야!"
아이들은 모두 기대에 부풀었습니다.

"싹이 나려면 꼭 필요한 게 있어 그게 뭘까?"
선생님의 질문에 도연이가 자신 있게 대답했지요.
"물이요! 물 없이 살 수 있는 것은 없어요."
"맞았어, 바로 물이야. 볍씨가 마르지 않게 물을 주어야 해. 그런데 너무 많이 주면 볍씨가 썩을 수 있으니 조금씩 자주 주어야 한단다."

도연이는 입속에 물을 넣고 인간 분무기가 되어 볍씨에 물을 뿜었습니다.

물방울들이 보슬보슬 봄비가 되어 볍씨 위에 촉촉히 내려앉았어요.

"야호, 내가 일등이다! 선생님, 볍씨에서 싹이 났어요!"
우유 상자에 볍씨를 넣은 지 삼 일째 되던 날,
드디어 도연이의 볍씨에서 작고 하얀 싹이 뾰족하게 돋아났어요.
"우아, 콩나물처럼 꼬불꼬불하네. 진짜 신기하다."
"내 볍씨에서도 작은 싹이 보여. 빨리빨리 자라렴."
다른 친구들의 우유 상자에서도 싹들이 꿈틀대고 있었어요.
아이들의 마음은 어느새 황금 들판으로 달려가고 있었지요.

"이제 볍씨가 흙으로 이사를 가도 되겠는걸."
아이들은 선생님의 설명에 따라 볍씨를 조심스럽게 꺼낸 후
우유 상자에 흙을 담았어요.
그리고 손가락으로 흙을 꾹 눌렀지요.
그 안에 싹이 튼 볍씨를 넣고 흙을 살살 덮어 주었습니다.

볍씨를 흙에 옮겨 심은 지 삼 일이 지났어요.
드디어 흙을 뚫고 초록색 싹이 길쭉하게 올라왔어요.
선생님은 벼의 싹을 모라고 하셨어요.
농촌에서는 모를 모판에서 키우다가
어느 정도 자라면 논에 옮겨 심는대요.

교실에서 벼농사를 짓는다는 소식을 전해 들은 선생님의 고향 마을에서 모내기 체험에 우리들을 초대했어요.
"얘들아, 오늘 농부 아저씨들과 함께 논에 모를 옮겨 심을 거야. 열심히 배워서 우리 반에서도 곧 모내기를 하자!"

탈탈탈탈!
생전 처음 타 본 경운기는 엉덩이가 들썩일 정도로
덜컹거렸어요. 놀이기구를 탈 때처럼 신이 났지요.
"모내기 특공대 출발! 아저씨, 저희가 뚝딱 해치울게요!"
"허허허, 우리 꼬마 농부들 덕분에 올해 모내기는 금방 끝나겠구나!"

드디어 논에 도착했어요.
아이들은 신발을 벗고 줄에 맞춰 차례차례 논으로 들어갔어요.
도연이는 미끌거리는 논바닥 때문인지 발바닥이 자꾸 간지러웠어요.
"모를 한 줌씩 쥐고 줄에 맞추어 모를 심어야 한단다.
여러 사람이 일정한 간격에 따라 같은 속도로 심는 게 가장 중요해"
농부 아저씨의 설명에 따라 모두들 열심히 모내기를 했습니다.

아이들은 진짜 농부라도 된 것 같았지요.
그때 갑자기 나타난 개구리에 놀란 도연이가 엉덩방아를 찧었어요.
"하하하, 도연이 때문에 개구리가 더 놀랐겠다!"

모내기 체험을 갔다 온 후 며칠이 지났어요.
교실의 모들도 어느새 우유 상자 가득 자랐어요.
"얘들아, 이제 논을 만들고 모내기를 시작할까?
스티로폼 상자에 흙을 채우고, 모를 한 줌씩 옮겨 심자."
상자에 흙을 담고 나니 작은 논처럼 보였어요.
아이들은 논에서 썼던 줄 대신에 흙에 선을 긋고
나란히 줄을 맞추어 모를 심었어요.
"자, 논이 마르지 않게 물을 가득 채워 주자."
선생님의 지휘 아래 꼬마 농부들은 모내기를 척척 해냈답니다.

모내기가 끝나자, 도연이는 친구들 몰래 준비한 깜짝 선물을 꺼냈어요.
"짜잔! 올챙이야."
친구들은 모두 깜짝 놀랐어요.
"시골 할머니 집에 놀러 갔다가 우리 반 논에서 함께 키우려고 가져왔어."

"그럼 우리 반 논에도 진짜 논처럼 개구리가 펄쩍펄쩍 뛰어다니겠다!"
"도연이 너 또 놀라서 넘어지는 거 아니니? 하하하!"
아이들은 벼와 함께 올챙이가 자라는 모습도 함께 관찰하기로 했어요.
친구들이 좋아하는 모습을 보자 도연이는 어깨가 으쓱해졌어요.

여름방학이 다가왔어요. 그동안 키 작은 모는 길쭉길쭉한
벼가 되었어요. 방학 동안에는 교실에서 벼를 키울 수가 없어
대표를 정해 집에서 돌보기로 했어요.
도연이네 집 베란다에도 논 하나가 생겼어요.
여름 내내 뜨거운 햇살을 듬뿍 받고 자란 벼에서 연두색 벼 이삭이
올라올 때쯤, 개학도 가까워졌습니다.
도연이는 엄마와 함께 작아서 못 입게 된 옷으로 허수아비를 만들었어요.
도연이가 친구들을 위해 준비한 두 번째 깜짝 선물이었지요.

개학 날이 되었어요.
교실을 떠났던 논들이 모두 한자리에 모였습니다.
벼는 어느덧 아이들 허리 높이까지 자라 있었어요.
싸라기눈같이 하얀 벼꽃도 피었지요.
선생님은 벼꽃이 피고 지는 과정에서 수정이 잘 되어야,
벼 이삭이 영글어 우리가 먹는 쌀이 된다고 설명해 주셨어요.

"선생님, 이걸 세워 주면 어떨까요?"
도연이는 엄마와 함께 만든 허수아비를 꺼냈어요.
"새들이 우리 반 논에는 얼씬도 못하겠는걸."
모두들 허수아비를 반겼습니다.

어느덧 더위가 한풀 꺾이고, 따스한 가을볕이 교실에 가득했어요.
벼는 푸른빛을 버리고 황금빛으로 변했습니다.
그 모습을 보며 선생님이 말했어요.
"벼 이삭이 여물면 추수를 해야 해. 추수한 이삭의 껍질을 벗겨 먹을 수 있게 가공을 한 것이 바로 쌀이란다. 일 년 내내 정성을 다해야 우리가 밥을 먹을 수 있는 것이지. 옛날 농촌에서는 추수가 끝나면 이웃끼리 기쁨을 나누기 위해 햅쌀로 밥을 짓고 떡을 빚어 큰 잔치를 벌였어. 우리도 곧 추수를 하고 잔치도 벌이자!"

선생님의 말을 들으며 도연이는 머릿속에 커다란 운동장을 그렸어요.
그리고 그 안에 황금색 크레파스로 통통히 여물어
고개 숙인 벼들을 빼곡히 그려 넣었어요.

정성을 다해 농사를 지은 꼬마 농부들 덕분에 올해 벼농사는 풍년입니다. 도연이와 반 친구들에게 볍씨가 모가 되고, 모가 자라 이삭이 열리고 통통하게 여물어 가는 모습은 매우 신비로운 경험이었습니다.

1. 벼를 키워 볼까요?

학교나 집에서도 아주 쉽게 벼를 키울 수 있어요. 볍씨를 심어 모를 키우고 모내기도 하고, 논도 만들어 보세요. 작은 우유 상자에 모를 키우고 넓은 스티로폼 상자에 옮겨 심으면 나만의 논이 완성된답니다. 이렇게 직접 벼를 키우다 보면 쌀을 수확하기 위해서 많은 시간과 노력이 필요하다는 사실도 깨닫게 될 거예요.

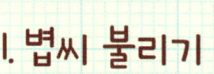

| 볍씨 | 우유 상자 (500ml) | 얇은 천 (20×20cm) | 스티로폼 상자 | 흙 | 분무기 |

1. 볍씨 불리기
· 볍씨를 물에 담가 하룻밤 불린다.

2. 볍씨 싹틔우기
· 깨끗하게 씻은 우유 상자에 얇은 천을 깔고 불린 볍씨를 평평하게 펴 놓는다.
· 얇은 천으로 볍씨를 덮은 후, 따뜻한 실내에 두고 분무기로 촉촉하게 물을 뿌린다.
· 2~3일 후면 작고 하얀 싹이 돋아난다.

물이 마르지 않게 해 주어야 싹이 잘 돋아나요.

3. 모 키우기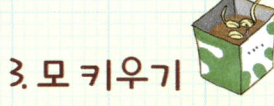

- 우유 상자에서 싹이 난 볍씨를 천과 함께 들어낸 다음, 우유 상자에 흙을 채운다.
- 싹이 난 볍씨를 흙 위에 골고루 놓고, 그 위에 다시 흙을 0.5mm~1cm 정도 두께로 덮는다.
- 햇볕이 잘 드는 곳에 두고 하루에 한 번씩 물을 준다.

4. 모내기

- 3~4일 후면 초록색 모가 올라오기 시작하고, 15~20일 후면 10cm 이상 자란다.
- 스티로폼 상자에 흙을 채운다.
- 우유 상자에서 모를 한 줌씩 뽑아 스티로폼 상자에 3~4cm 간격으로 나란히 옮겨 심는다.

5. 벼 키우기

- 스티로폼 상자에 항상 물을 채워서 모를 키운다.
- 30cm 정도 키가 자라면 잎 사이로 이삭이 올라온다.

스티로폼 상자에 물이 빠지는 구멍은 뚫지 않아요!

6. 벼꽃

- 한여름이 되면 초록색 이삭 주위로 하얀 벼꽃이 피기 시작한다.
- 벼꽃이 지면 이삭이 노랗게 변하면서 여물기 시작한다.

2. 벼를 수확해요

벼 이삭은 투실투실 여물면서 초록빛에서 황금빛으로 변하지요. 이제 수확할 차례예요. 9월에서 10월 사이에 벼를 수확할 수 있어요. 쌀은 수확한 이삭의 껍질을 벗겨 낸 알맹이에요.

농촌에서는 낫과 콤바인으로 벼를 수확하지만, 교실에서는 잘 드는 가위 하나면 충분하지요.

1. 벼를 한 줌씩 잡은 후 가위로 밑동을 잘라 낸다.

2. 잘라 낸 벼를 햇볕에 널어 1~2일 잘 말려 준다.

3. 마른 벼의 이삭을 손으로 훑어 낸다.

4. 수확한 이삭 중 일부는 다음 해 벼농사를 지을 볍씨가 된다.

벼를 수확하는 일을 추수 또는 가을걷이라고 한답니다.

볏짚의 다양한 이용

정성껏 벼를 키우고 수확해 쌀을 얻었어요. 이제 남아 있는 볏짚을 이용할 차례입니다. 옛날부터 벼농사를 주로 지어 온 우리나라에서 수확하고 남은 볏짚은 구하기도 쉽고 쓰기에도 편리한 최고의 다용도 생활 재료였어요. 다양한 생활 도구를 만들고, 가축의 먹이로 쓰거나, 집이나 축사에서 겨울 추위를 막아 주는 덮개로도 사용했지요. 또 초가집의 지붕을 올리는 데도 사용했답니다.

기계가 발달된 요즘은 예전만큼 볏짚으로 만든 생활 도구들의 쓰임이 크진 않아요. 하지만 천연 비료를 만들거나, 예술적 가치가 높은 공예품을 만드는 데 볏짚을 이용하지요.

짚신
새끼줄을 꼬아 만든 신

망태기
물건을 담는 주머니

짚삼태기
흙, 거름, 곡식 등을 담아서 나르는 도구

움집
더위와 추위를 막아 주는 짚으로 만든 집

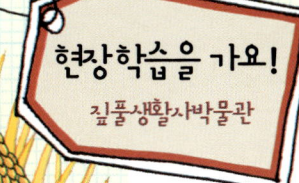
현장학습을 가요!
짚풀생활사박물관

더욱 다양한 짚의 쓰임에 대해 알고 싶다면 짚풀생활사박물관에 방문해 보세요.
우리 민족의 위대한 문화유산 짚풀 문화에 대해 자세히 알 수 있어요.

홈페이지_ www.zipul.co.kr

3. 벼 이삭이 쌀이 되었어요!

수확한 이삭은 우리가 흔히 보는 쌀과는 생김새가 달라요. 잘 익은 벼 이삭은 탈곡, 탈각, 정백 등의 여러 단계를 거쳐야 쌀이 된답니다. 이런 과정을 도정이라고 해요. 또한 도정의 방법에 따라 백미, 현미 등 쌀의 종류가 나누어진답니다. 한 해 농사가 끝나도 벼가 쌀이 되어 밥과 떡 등 맛있는 음식이 되기까지는 많은 사람들의 노력이 필요하지요.

도정 과정

1. 탈곡 : 벼 이삭을 털어 낟알을 떨어뜨리는 일이다. 예전에는 도리깨라는 농기구를 이용했다. 요즘은 콤바인이나 탈곡기 같은 농기계로 탈곡을 한다.
2. 탈각 : 탈곡한 낟알의 껍질을 벗기는 일이다. 이때 벗겨 내는 벼의 껍질을 왕겨라고 한다. 옛날에는 여러 가지 방아를 이용했으나 요즘은 정미기, 현미기 같은 도정 기계로 탈각한다.
3. 정백 : 탈각하여 껍질이 벗겨진 알맹이가 현미이다. 이 현미를 찧어 백미로 만드는 과정을 정백이라 한다.

도리깨   디딜방아   옛날 정미기   현대식 정미기

우리나라는 신석기시대 때부터 벼농사를 지었다고 해요. 아주 오래전부터 쌀은 우리 민족의 주식이었지요. 그래서 밥이나 죽, 떡 등 다양한 방법의 쌀을 이용한 요리가 발달했어요. 대부분의 우리나라 사람들이 매일매일 먹는 밥과 함께 떡은 쌀로 만든 가장 대표적인 음식이에요. 명절이나 돌, 결혼, 제사 등 중요한 날에는 빠지지 않았답니다. 탄수화물, 단백질, 무기질, 비타민 등 많은 영양소가 들어 있는 쌀은 우리나라 사람들의 에너지원이지요.

쌀의 다양한 쓰임

• 쌀이 소원을 들어준다?

우리 조상들은 쌀을 매우 귀하게 여겨 신주단지에 넣고 풍년을 기원하고, 집안의 안녕과 복을 빌었어요.

• 돈과 쌀은 똑같다?

화폐가 생기기 이전, 우리 조상들은 쌀을 화폐 대용으로 사용했습니다. 물물교환 시 쌀의 가치는 매우 높았어요. 신라시대에도 쌀을 화폐와 공용으로 사용하였다는 기록이 남아 있습니다.

현장학습을 가요! 쌀박물관

쌀에 대한 모든 것을 알고 싶다면 쌀박물관에 방문해 보세요. 쌀과 관련한 유물은 물론 쌀의 종류, 쌀의 다양한 쓰임과 활용 그리고 우리나라 쌀의 우수성에 대해 알 수 있습니다.

홈페이지_ http://www.rice-museum.com

4. 사계절이 지나가요

사계절이 뚜렷한 우리나라는 논의 풍경도 계절마다 뚜렷하게 구분이 돼요. 봄에는 작은 모들이 옹기종기 모여 있고, 여름에는 그 모가 훌쩍 자라서 푸른 초원 같은 풍경을 만들지요. 가을이 되면 푸른 논은 황금빛으로 변해 가을걷이를 기다립니다. 추수가 끝난 겨울의 논은 쌓아 둔 볏짚만 덩그러니 있어 황량해 보여요. 하지만 비어 있는 논은 겨울철 아이들의 신 나는 놀이터가 되지요.

봄

농기구도 점검하고, 논에 두엄도 주고, 볍씨에 싹을 틔워 한 해 농사를 준비한다. 모판에서 모가 어느 정도 자라면 늦은 봄에서 초여름 사이에 모내기를 한다.

여름

무럭무럭 모가 자란다. 모내기가 끝난 논에서는 김매기가 한창이다. 논두렁의 풀을 깎고, 거름을 준비하는 등 농촌은 여름에도 무척 바쁘다.

우리 교실의 작은 논에도 사계절이 지나갑니다.

작은 새싹에 불과했던 모가 키가 큰 벼로 자라나고 가을이 되면 누렇게 익어 가지요.

가을

벼 이삭이 여물기 시작한다. 논에 허수아비를 세워 새를 쫓는다. 하늘이 높고 푸르며 바람이 좋은 가을은 벼를 수확하는 풍요로운 계절이다.

겨울

짚으로 새끼, 가마니 등을 짜고 겨울 땔감을 준비한다. 아이들은 빈 논에서 연날리기도 하고 팽이치기, 썰매 타기 놀이도 한다. 겨울은 다음 해 농사를 준비하는 계절이다.

5. 농사를 지으려면 꼭 필요해!

예전에는 벼를 낫으로 일일이 베어 가며 수확을 했기 때문에 무척 시간이 많이 들었어요. 하지만 요즘은 콤바인으로 금방 수확을 할 수 있지요. 옛날에는 사람이 소나 농기구 등을 이용해 직접 농사를 지었지만, 요즘은 다양한 농기계들이 그 일을 대신한답니다. 기계가 발달한 만큼 사람이 들이는 힘과 시간은 많이 줄어들었지요.

옛날의 농기구

   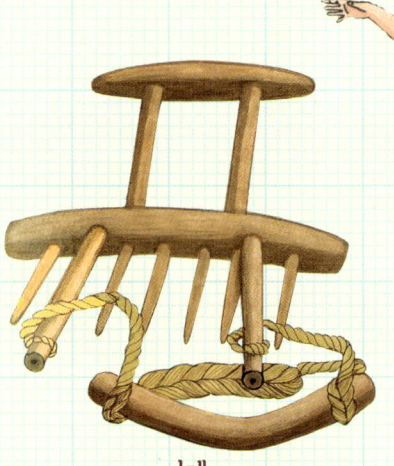

가래 - 흙을 파헤치거나 떠서 던지는 기구

낫 - 곡식이나 풀 등을 베는 기구

지게 - 사람이 등에 지고 그 위에 짐을 얹어 운반하는 기구

써레 - 갈아 놓은 논의 바닥을 고르는 기구

요즘의 농기구

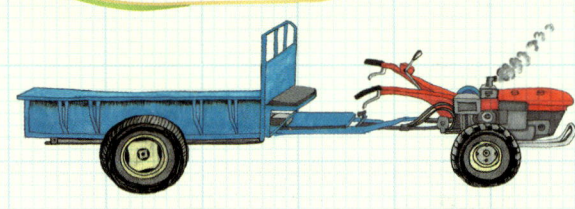  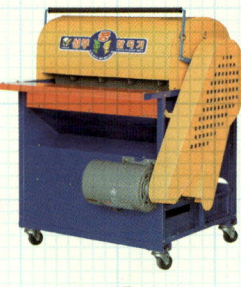

경운기 - 논밭을 갈아 일구어 흙덩이를 부수는 기계로 짐칸을 달아 운송 수단으로도 쓰임

콤바인 - 곡식을 베는 일과 벼 이삭에서 낟알을 떨어내는 일을 한 번에 하는 기계

탈곡기 - 벼, 보리 같은 곡식의 이삭에서 낟알을 떨어내는 농기계

오랜 시간이 지나면서 농사를 지을 때 필요한 농기구의 모습은 변하였지만, 여전히 변하지 않는 것이 있어요. 바로 넓은 들판의 허수아비랍니다. 허수아비는 막대기와 짚 등으로 모양을 만들고, 모자를 씌우거나 옷을 입혀, 논을 지키고 있는 사람처럼 만들었어요. 농작물을 쪼아 먹는 새들을 쫓기 위해 만들었답니다. 우리 반 논에도 허수아비가 빠질 순 없겠지요?

허수아비 만들기

1. 30cm, 50cm 길이의 나무 막대를 준비한다.
2. 두 개의 나무 막대를 십자 모양으로 놓고 끈이나 테이프로 고정한다.
3. 헌 옷이나 솜을 둥글게 뭉쳐 천으로 감싼 후 끈이나 고무줄로 묶어 얼굴 모양을 만든다.
4. 십자 모양의 나무 막대에 얼굴 모양을 끼운다.
5. 작아서 못 입는 티셔츠를 나무 막대에 입히고, 장갑을 끼운다.
6. 단추나 색연필 등을 이용하여 허수아비의 눈, 코, 입을 만들고, 모자를 씌워 준다.

현장학습을 가요! 농업박물관

우리나라는 아주 오래전부터 농사를 지으며 살아왔어요. 그래서 값진 농업 문화유산을 많이 가지고 있답니다. 농업박물관에 가면 옛날부터 사용한 농기구는 물론, 농업 문화를 보고 체험하며 배울 수 있어요.

홈페이지_ www.agrimuseum.or.kr

우리는 이미 꼬마 농부

이미 많은 친구들이 학교나 집에서 벼를 키우고 있답니다. 해마다 직접 벼를 키우는 친구들이 모여서 최고의 농부를 뽑는 축제가 열리고 있어요. 이 축제를 통해 유치원 동생들부터 초등학생 친구들은 물론 중학교, 고등학교 누나 형들까지 1만여 명이나 되는 많은 사람들이 국민 농부가 되었다고 해요. 그중 최고의 농부로 뽑힌 친구들의 벼 키우기 과정을 소개합니다.

관찰 일지 엿보기

2011년 6월 6일 볍씨를 심었어요!

2011년 6월 26일 났다! 났다! 싹이 났다!

2011년 7월 21 튼튼해지고 있다!

할아버지와 함께 벼 심기 도전! 볍씨는 너무 깊게 심으면 안 된다. 볍씨가 보이지 않게 흙을 잘 덮고 이제 충분히 물을 주면 끝! 이제 잘 자라기를 기도할 차례이다. (김시우)

드디어 싹이 났다. 하지만 문제는 내 것이 아니라 동생 유수 것. 어휴, 속상해. 하지만 나도 한 개의 싹이 났다. 앞으로 쑥쑥 자라라! 유수 것보다 더 쑥쑥! (송준수)

벼가 한층 튼튼해졌다. 키가 많이 자라는 것보다 두께가 두꺼워지면서 약해 보이던 것이 튼튼하고 굵어졌다는 느낌이 든다. 잎들도 3~4개에서 6개 정도로 늘었고 넓어졌다. (송준수)